Doppelt bestraft? Das Verhältnis zwischen Disziplinarmaßnahmen und strafrechtlichen Verurteilungen

Stefan Groß

Bibliografische Information der Deutschen Nationalbibliothek:

Die Deutsche Nationalbibliothek verzeichnet diese Publikation in der Deutschen Nationalbibliografie; detaillierte bibliografische Daten sind im Internet über http://dnb.d-nb.de abrufbar.

ISBN: 9783389026793
Dieses Buch ist auch als E-Book erhältlich.

„Doppelt bestraft?"

Das Verhältnis zwischen Disziplinarmaßnahmen und strafrechtlichen Verurteilungen.

———

Schriftliche Ausarbeitung

an der
Hochschule des Bundes für öffentliche Verwaltung
Fachbereich Allgemeine Innere Verwaltung

Verfasser
Stefan Groß

Brühl, 23.05.2023

Inhaltsverzeichnis

Abkürzungsverzeichnis

Abs.	Absatz
AIVF	Fernstudium des Fachbereichs Allgemeine Innere Verwaltung
Art.	Artikel
BBG	Bundesbeamtengesetz
BeckRS	Beck'sche Rechtsprechungssammlung
Begr.	Begründer
Beschl.	Beschluss
BDG	Bundesdisziplinargesetz
BT-Drs.	Bundestags-Drucksache
BVerfG	Bundesverfassungsgericht
BVerfGE	Entscheidungen der amtlichen Sammlung des Bundesverfassungsgerichts
BVerwGE	Entscheidungen des Bundesverwaltungsgerichts
BvR	Registerzeichen für Verfassungsbeschwerden
DöD	Der Öffentliche Dienst (Zeitschrift)
DtZ	Deutsch-Deutsche Rechts-Zeitschrift
EMRK	Europäische Menschenrechtskonvention
EuGH	Gerichtshof der Europäischen Union
f.	folgend
ff.	folgende
GG	Grundgesetz für die Bundesrepublik Deutschland
Hrsg.	Herausgeber
i.S.d.	im Sinne des
i.V.m.	in Verbindung mit
juris	Rechtsdatenbank juris
NJW	Neue Juristische Wochenschrift (Zeitschrift)
Nr.	Nummer
NVwZ	Neue Zeitschrift für Verwaltungsrecht
RGBl.	Reichsgesetzblatt
Rn.	Randnummer
S.	Seite
SDÜ	Schengener Durchführungsübereinkommen
StGB	Strafgesetzbuch
StPO	Strafprozessordnung
Urt.	Urteil
v.	vom
VGH	Verwaltungsgerichtshof
vgl.	vergleiche
ZBR	Zeitschrift für Beamtenrecht
ZP	Zusatzprotokoll

Einleitung

Beamte, die aufgrund einer begangenen Straftat verurteilt wurden, sehen in dem anschließenden beamtenrechtlichen Disziplinarverfahren häufig eine weitere Verfolgung und damit eine unzulässige Doppelbestrafung.

Die vorliegende Ausarbeitung beschreibt das Verhältnis einer Strafe aus einem Strafverfahren zu der Sanktionierung aus einem Disziplinarverfahren und der daraus resultierenden hypothetischen Annahme einer Doppelbestrafung. Als Basis dient der Grundsatz *ne bis in idem*, der als wesentlicher Grundpfeiler im rechtsstaatlichen Gebilde auch in dieser Arbeit einen entsprechend gewichtigen Anteil hat. Zunächst wird das Verbot der Doppelbestrafung kurz erläutert und auf die Verortung im Grundgesetz, sowie dessen Systematik eingegangen. Nach einer begrifflichen Konkretisierung, möglichen Ausnahmen von dem Grundsatz und einer eingehenden Betrachtung seiner Voraussetzungen, wird die Entstehungsgeschichte beleuchtet. Das darauffolgende Kapitel beschäftigt sich mit der Kollision des Straf- und Disziplinarrechts, also deren Zusammenhänge und Abhängigkeiten, sowie Gegenläufigkeiten mit alleinigem Bezug zum Bundesbeamtentum. Thematisiert wird die Zweckbestimmung der beiden Rechtsgebiete, grundsätzliche Verfahrensweisen, wie der Verfolgungsgrundsatz und dessen Aussetzung, Ermittlungsbeschränkungen und etwaige Disziplinarhemmung durch Freispruch. In einer Schlussbetrachtung wird das Verhältnis der Rechtsgebiete zueinander resümiert und auf die Hypothese der Doppelbestrafung eingegangen.

Aus Gründen der besseren Lesbarkeit wird auf die gleichzeitige Verwendung der Sprachformen männlich, weiblich und divers (m/w/d) verzichtet. Für sämtliche Personenbezeichnungen wird das generische Maskulinum verwendet, was gleichermaßen für alle Geschlechter gilt.

A. Grundsatz *ne bis in idem*

Die Formel *ne bis in idem* stammt aus dem Lateinischen und steht für „nicht zweimal in derselben Sache". Er stellt einen wesentlichen Grundsatz des Strafprozessrechts dar und ergibt sich aus den Grundrechten vor Gericht, die im Kapitel der Rechtsprechung des Grundgesetzes der Bundesrepublik Deutschland abgelegt sind.

I. Überblick des Art. 103 Abs. 3 GG

Niemand darf wegen derselben Tat auf Grund der allgemeinen Strafgesetze mehrmals bestraft werden, so der verfassungsrechtliche Grundsatz des Art. 103 Abs. 3 GG. Daraus folgt, dass der Staat eine Wiederholung einer verbrauchten Strafklage wegen derselben Tat zu unterlassen hat.[1] Diesem eigenständigen Unterlassungsanspruch des Staates steht ein subjektives Recht des Betroffenen gegenüber, welches als grundrechtsähnliches Recht, wie die grundrechtlichen Unterlassungsansprüche, im Wege der Verfassungsbeschwerde geltend gemacht werden kann.[2]

---

[1] vgl. Kunig in: Münch/Kunig, GG Art. 103 Rn. 36
[2] Remmert in: Maunz/Dürig, GG Art. 103 Abs. 3 Rn. 1

II. Grundsatz und Systematik

Die Basis des Unterlassungsanspruchs bildet das Rechtsstaatsprinzip und dessen ableitbares Element der Herstellung von Rechtssicherheit.[3] Dem Betroffenen wird damit ein materielles Freiheitsschutzrecht als **Rechtsfrieden der Person** zugesprochen.[4] Diese Gerechtigkeitsforderung sichert andererseits dem Staat den sogenannten Strafanspruch zu. Hat der Staat einmal davon Gebrauch gemacht und in einem Strafverfahren über eine tat- und schuldentsprechende Bestrafung für die begangene Straftat entschieden, so ist der Strafanspruch verbraucht und die Sache endgültig entschieden.[5] Nicht dem Wortlaut zu entnehmen aber systematisch darüberhinausgehend auszulegen, ist die Voraussetzung des Unterlassungsanspruchs neben der rechtskräftigen Verurteilung auch dann erfüllt, wenn ein Strafverfahren mit einem rechtskräftigen Freispruch endet.[6]

III. Ausnahmen

In seltenen, eng umrissenen Ausnahmefällen besteht ein berechtigtes Interesse des Verurteilten, an der **Wiederaufnahme** eines durch rechtskräftiges Urteil abgeschlossenen Verfahrens zu seinen Gunsten. Dies ist gemäß § 359 Nr. 2 StPO beispielsweise der Fall, wenn ein Zeuge sich einer vorsätzlichen falschen uneidlichen Aussage schuldig gemacht hat und dies zu Ungunsten des Verurteilten führte. Überdies besteht die Möglichkeit der Wiederaufnahme eines durch rechtskräftiges Urteil abgeschlossenen Verfahrens zuungunsten des Verurteilten. Dies kann nach § 362 Nr. 5 StPO der Fall sein, wenn neue Tatsachen oder Beweismittel beigebracht werden, die allein oder in Verbindung mit früher erhobenen Beweisen dringende Gründe dafür bilden, dass der freigesprochene Angeklagte wegen Mordes nach § 211 StGB verurteilt wird. Weitere Wiederaufnahmegründe finden sich in §§ 359 ff. StPO.

IV. Mehrfachverfolgungsverbot als begriffliche Konkretisierung

Die Bezeichnung als Doppelbestrafungsverbot sowie Verbot der Mehrfachbestrafung greifen indes zu kurz. Doppelbestrafungsverbot indiziert die Erwartung, dass eben nur eine Bestrafung die Sperrwirkung herbeiführt. Aber gerade in den Fällen in denen keine Bestrafung für eine Tat erfolgt, besteht ein berechtigtes Interesse an dem oben genannten Grundsatz der Rechtssicherheit des Betroffenen, um so einen Schutz vor weiteren staatlichen Sanktionen herbeizuführen. Außerdem stellt Art. 103 Art. 3 GG ein strafprozessliches Verfahrenshindernis dar, was bereits im Vorfeld untersagt, eine bereits verbrauchte Strafanklage zu wiederholen. Diese grundrechtlich verankerte Garantie der Einmaligkeit der Strafverfolgung verbietet somit insgesamt die **Mehrfachverfolgung**.[7] In Literatur und Rechtsprechung ist regelmäßig die Formel *ne bis in idem* zu finden, die dieses grundlegende Prinzip des Strafprozessrechts zusammenfasst.

[3] Rüping in: Kahl/Waldhoff/Walter, GG Art. 103 Abs. 3 Rn. 11
[4] Stern, Staatsrecht, S. 652
[5] Remmert in: Maunz/Dürig, GG Art. 103 Abs. 3 Rn. 37, 38
[6] Schulze-Fielitz in: Dreier, GG Art. 103 Abs. 3 Rn. 25
[7] vgl. Sachs/Degenhart, GG Art. 103 Rn. 83

V.   Elemente und Anwendungsvoraussetzung

Niemand darf nach Art. 103 Abs. 3 GG wegen derselben Tat auf Grund der allgemeinen Strafgesetze mehrmals bestraft werden. Somit schützt die Norm **Jedermann**, der von Mehrfachverfolgung bedroht ist. Dies umfasst folglich sowohl Deutsche, als auch Ausländer, unabhängig von ihrem Wohnsitz oder ständigem Aufenthaltsort.[8] Kernelement dieser prozessrechtlichen Basisgarantie ist **dieselbe Tat**. Dieser verfassungsrechtlich zu interpretierende Tatbegriff bildet jedoch keine Wesenseinheit mit dem materiellen Tatbegriff aus §§ 52, 53 StGB. Denn weder tateinheitlich begangene Gesetzesverletzungen i.S.d. § 52 StGB stellen eine Tateinheit i.S.d. Art 103 Abs. 3 GG dar,[9] noch ist die Annahme einer Tatmehrheit nach § 53 StGB ein Ausschluss der Annahme einer Tateinheit i.S.d. Art. 103 Abs. 3 GG.[10] Vielmehr ist der Anknüpfungspunkt der, den §§ 155 Abs. 1, 264 StPO zugrundeliegende Tatbegriff des Strafprozessrechts.[11] Diese Annahme liegt nahe, weil dies dem vorverfassungsrechtlichen Gesamtbild des Prozessrechts entspricht, was dem Bundesverfassungsgericht in seiner Rechtsprechung als Orientierungsmaßstab jeher diente und dient.[12] Demgegenüber steht allerdings die Umstrittenheit des strafprozessualem Strafbegriffs, sowie die Erkenntnis, dass der Tatbegriff im verfassungsrechtlichen Kontext des Art. 103 Abs. 3 GG eigenständig zu interpretieren ist.[13] Diese Umstände zur Kenntnis definierte das Bundesverfassungsgericht den Tatbegriff des Art. 103 Abs. 3 GG dahingehend, dass hierunter der geschichtliche Vorgang, auf welchen Anklage- und Eröffnungsbeschluss hinweisen und innerhalb dessen der Angeklagte als Täter oder Teilnehmer einen Straftatbestand verwirklicht haben soll, zu verstehen ist.[14] Basierend darauf ist eine Tateinheit nicht allein auf Grundlage der Gleichartigkeit der Geschehnisse anzunehmen,[15] sondern nach natürlicher Auffassung als Einheitsgeschehen oder Mehrheitsgeschehen zu beurteilen.[16]
Weitere Voraussetzung für *ne bis in idem* ist das Vorliegen **allgemeiner Strafgesetze**. Eine Abgrenzung erfolgt aufgrund des Anwendungszweckes der jeweiligen Norm. Ein strafrechtliches Delikt liegt dann vor, wenn eine schuldhafte Verletzung eines allgemein gewährleisteten Rechtsgutes gegeben ist, sogenannte Störung des allgemeinen Rechtsfrieden.[17] Demnach kann festgestellt werden, dass die Sonderstrafgesetze des Nebenstrafrechts nicht den Gegenpol der allgemeinen Strafgesetze bilden. Denn je nach Ziel und Zweck und damit der Rechtsnatur einer Sanktion, die einzelfallbetrachtet bestimmt werden muss, kann hier eine Strafe vorliegen, wonach der *ne bis in idem*-Grundsatz Anwendung findet.[18]
Strafen sind nach der Rechtsprechung des Bundesverfassungsgerichts staatliche Sanktionen, die eine missbilligende hoheitliche Reaktion auf ein rechtswidriges, schuldhaftes

---

[8] Kunig in: Münch/Kunig, GG Art. 103 Rn. 38
[9] BVerfGE 56, 22 (34)
[10] BVerfGE 45, 434 (435)
[11] vgl. Kment in: Jarass/Pieroth, GG Art. 103 Rn. 99
[12] vgl. Remmert in: Maunz/Dürig, GG Art. 103 Abs. 3 Rn. 48
[13] vgl. Kunig in: Münch/Kunig, GG Art. 103 Rn. 39
[14] BVerfGE 23, 191 (202); 45, 434 (435); 56, 22 (28)
[15] BVerfGE 23, 191 (202)
[16] BVerfGE 56, 22 (28)
[17] Kunig in: Münch/Kunig, GG Art. 103 Rn. 42
[18] BVerfG NJW 1989, 2529

Verhalten darstellen und wegen dieses Verhaltens ein Übel verhängen, was als Schuldausgleich dient.[19] Das Bundesverfassungsgericht stellte schließlich fest, dass das Disziplinarstrafrecht, das Ordnungsstrafrecht und das Polizeistrafrecht den Gegenpol zum allgemeinen Strafrecht bilden,[20] da dies bereits dem Willen des parlamentarischen Rats zu entnehmen ist.[21] Im Rahmen der Europäisierung steht die Bedingung, dass niemand **mehrfach bestraft** werden darf, in einem europazentrischen Fokus. So löst nicht mehr nur ein rechtskräftiges Urteil eines deutschen Gerichts die Sperrwirkung aus, erneut verfolgt werden zu können.[22] Aufgrund von Kompetenzverlagerungen des Souveräns hinsichtlich seiner Hoheitsgewalt[23] übt wenigstens der Europäische Gerichtshof – wenn auch nur mittelbar – vermehrt deutsches Recht aus, womit der Verbrauch der Strafklage erreicht wird.[24] Auch wenn Art. 4 des 7. ZP zur EMRK eine von dieser Rechtsauffassung divergierende Regelung enthält, wonach sich das Verbot der Doppelbestrafung nur auf denselben Staat bezieht. Einen ausgedehnteren Gehalt beinhaltet Art. 54 SDÜ, dessen Bezugspunkt in dieser Sache jeder andere Vertragsstaat darstellen kann.[25]

VI. Entstehung und historischer Verlauf des Mehrfachbestrafungsverbots

Das Verbot der Mehrfachbestrafung ist bis in das römische Recht und die Rechtsbücher des **deutschen Mittelalters** in der Zeit vom 8. bis 15. Jahrhundert zurückzuführen. Bereits hier war die dem *ne bis in idem*-Grundsatz nahe Formel *res semel iudicata amplius iudicari non potest* zu finden. Diese drückt aus, dass eine einmal beurteilte Angelegenheit nicht erneut beurteilt werden kann.[26] Ab dem 13. Jahrhundert erfand das Mehrfachbestrafungsverbot eine Unterbrechung. Mit dem hier herausgebildeten Inquisitionsverfahren, was einzig darauf gerichtet war, die Wahrheit zu ermitteln, war dieser Grundsatz nicht vereinbar. Zur Verwirklichung dieses Ziel musste es dem Staat möglich sein, beim Auffinden neuer Beweise oder gar weiterer Anschuldigungen ein Verfahren erneut zu führen und den Beschuldigten sogar erneut zu bestrafen.[27] Zwischen dem 17. und frühen 19. Jahrhundert strahlte das Inquisitionsverfahren nicht nur in die Praxis der Deutschen Gerichte, sondern auch in die Gesetzestexte der Länder, wie die preußische Kriminalordnung oder die Strafprozessordnung für Württemberg aus.[28] Erst im späten 19. Jahrhundert entwickelte sich das, auf die Aufklärung zurückzuführende, Verständnis darüber, dass Rechtssicherheit ein Kernelement der Freiheit einer Person darstellt und ein Strafverfahren nicht nur der Wahrheitsfindung, sondern auch zur endgültigen Entscheidung in einer Sache diene.[29] Dies schlug sich im Folgenden im sogenannten **Anklageprozess** nieder, den die Länder im weiteren Verlauf einführten

---

[19] BVerfG Urt. v. 05.02.2004 – 2 BvR 2029/01
[20] BVerfGE 21, 391 (401)
[21] Büttner/Wettengel, Parlamentarischer Rat 1449 (1465)
[22] Kunig in: Münch/Kunig, GG Art. 103 Rn. 44
[23] Schulze-Fielitz in: Dreier, GG Art. 103 Abs. 3 Rn. 28
[24] Bleckmann, Europarecht, Rn. 869f.
[25] EuGH 28.09.2006, C-467/04, NJW 2006, 3403
[26] Schwarplies, Entwicklung, 14 ff.
[27] Schwarplies, Entwicklung, 50 ff.
[28] Schwarplies, Entwicklung, 53 ff.
[29] Schwarplies, Entwicklung, 98 ff.

und der durch die Frankfurter Nationalversammlung mit § 179 Abs. 1 in die Verfassung des deutschen Reiches einzog.[30] Mit der Reichsstrafprozessordnung vom 01.02.1877 und der **Weimarer Reichsverfassung** vom 11.08.1919 vermochte man einen Rückschritt festzustellen, da das Verbot der Mehrfachbestrafung und /-verfolgung nicht ausdrücklich geregelt war. In den damaligen Rechtsbüchern hingegen, war ein Teil der Leitlinie deutscher Sitten und Gesinnung, dass niemand zwei Strafen von einer Sache zahlen soll.[31] Diese Ansicht vertrat auch das Reichgericht, so dass es die Annahme des *ne bis in idem*-Grundsatz von Beginn an zugrunde gelegt hat. Die Begründung für diese - am Ende implizierte - Annahme basierte jedoch schlichtweg allein darauf, dass das Gesetz keinen Vorbehalt einer erneuten Anklage gegen einen verurteilten oder freigesprochenen Angeklagten in derselben Tatangelegenheit kennt.[32]

Der **Nationalsozialismus** hingegen hatte eine konträre Auffassung zum Verbot der Mehrfachverfolgung. Einem jeden gesunden Rechtsempfinden und insbesondere dem Interesse des Staates stand dieser Auffassung nach die Anwendung des *ne bis in idem*-Grundsatz nicht nur entgegen, sondern konterkariere es sogar.[33] Demzufolge wurde der Oberreichsanwalt mit den Möglichkeiten eines außerordentlichen Einspruchs und der Nichtigkeitsbeschwerde gegen rechtskräftige Urteile ausgestattet, so dass Verfahren bei neuen Erkenntnissen und Beweislagen nahezu beliebig wieder aufgegriffen werden konnten und eine Art Rechtsfrieden für den Beklagten zu keiner Zeit eintrat.[34]

Der heute in Art. 103 Abs. 3 GG niedergeschriebene *ne bis in idem*-Grundsatz wurde im **Verfassungskonvent auf Herrenchiemsee** kontrovers diskutiert. Neben der Problematik einer unmissverständlichen Formulierung bestand Uneinigkeit darüber, ob dieser allgemeine Naturrechtssatz überhaupt Einzug in die Verfassung erhalten sollte.[35] Nur aufgrund der Tatsache, dass er in der Vergangenheit und insbesondere während der Nazizeit am meisten verletzt worden war, wurde er in der heutigen Fassung verankert.[36] Darüber hinaus wurde bereits hier als Voraussetzung gemacht, dass das Nebeneinander von einer gerichtlichen und einer Disziplinarstrafe möglich sein muss.[37] Die Unsicherheit in dieser Debatte brachte der Zwischenruf des Abgeordneten Zimmermann in der ersten Lesung des Hauptausschusses zum Ausdruck als er sagte „Das schließt aber die Disziplinarstrafen nicht aus!", worauf der Vorsitzende Dr. Schmid fast satirisch erwiderte „Deshalb heißt es: Auf Grund der allgemeinen Strafgesetze!".[38]

---

[30] § 179 Abs. 1 der Verfassung des Deutschen Reichs v. 28.03.1849, RGBl. 101 lautete: „In Strafsachen gilt der Anklageprozeß."
[31] Freybe, Deutsche Sitte, S. 205 Nr. 95
[32] vgl. Cording, Strafklageverbrauch, S. 21 ff.
[33] Liebau, „Ne bis in idem", S. 72.
[34] Specht, zwischenstaatliche Geltung, S. 13
[35] Büttner/Wettengel, Parlamentarischer Rat, Wortprotokoll Dr. Strauß der 8. Sitzung des Ausschusses für Verfassungsgerichtshof und Rechtspflege v. 06.12.1948, 1449 (1465)
[36] Büttner/Wettengel, Parlamentarischer Rat, Wortprotokoll Dr. Löwenthal der 7. Sitzung des Ausschusses für Verfassungsgerichtshof und Rechtspflege v. 06.12.1948, 1347 (1438)
[37] Büttner/Wettengel, Parlamentarischer Rat 1347 (1435)
[38] Feldkamp, Parlamentarischer Rat, Wortprotokoll Herr Zimmermann und Dr. Schmid der 25. Sitzung des Hauptausschusses v. 09.11.1944, 740 (747)

B. Kollision von Straf- und Disziplinarverfahren

Kommt es zu einer rechtskräftigen Verurteilung in einer Strafsachenangelegenheit, ist der Beamte regelmäßig von der weiteren Sanktionierung aufgrund eines Disziplinarverfahrens überrascht. Dies rührt daraus, dass der soeben ausgeführte *ne bis in idem*-Grundsatz falsch interpretiert wird. Die Anwendung findet zwar intern im Disziplinarrecht statt, so dass ein Beamter nicht disziplinarisch mehrfach aufgrund derselben Handlung hintereinander geahndet werden darf,[39] nicht jedoch im Verhältnis zum Strafrecht (siehe hierzu oben, Abschnitt A, Unterabschnitt IV).

I. Zweckbestimmung des Disziplinar- und Strafrecht

Neben den Voraussetzungen des Art. 103 Abs. 3 GG ergeht dies aufgrund den grundlegenden abweichenden Zweckbestimmungen der beiden Sanktionierungsarten. Das **Strafrecht** ist auf den Schutz der schützenswerten individuellen und gemeinschaftlichen Rechtsgüter gerichtet. Es dient somit der Erhaltung eines geordneten Zusammenlebens der Menschen und damit der Bewahrung von Rechtsfrieden innerhalb einer sozialen Gemeinschaft. Dafür nutzt das Strafrecht zwei Schutzmechanismen. Zum einen die rechtlichen Maßstäbe in Strafvorschriften, die die präventive Schutzfunktion darstellt. Zum anderen dient die Verhängung einer Strafe als repressive Schutzfunktion. Sie soll dem Täter einen Willen von verantwortungsvoller Lebensführung vermitteln und so weiterer Straftaten entgegenwirken.[40]

Das dem Strafrecht gegenüberstehende **Disziplinarrecht** hat zwei wesentliche Ziele. Zum einen das oft übersehene und den Beamten begünstigende Schutzziel. Dies ist Resultat dessen, dass ein Beamtenverhältnis grundsätzlich auf Lebenszeit angelegt ist und daher per se mit einer hohen Rechtsschutzgarantie versehen sein muss. Das Dienstverhältnis darf eben nicht aus jedem Grund gegen den Willen des Beamten beendet werden. Nur beim Beweis eines schweren Dienstvergehens besteht diese Lösungsfunktion, jedoch nur durch nur ein Gericht, nicht durch den Dienstherrn selbst.[41] Das zweite wesentliche Ziel ist die Aufrechterhaltung der Funktionsfähigkeit der Verwaltung und dem damit eng verbundenen Ansehen des Beamtentums in der Öffentlichkeit. Dies geschieht indem der Beamte nach einer begangenen Verfehlung an seine geschworenen Dienstpflichten erinnert und ermahnt wird. Hierdurch soll ein geordneter Dienstbetrieb aufrechterhalten oder wiederhergestellt werden.[42] Diesem Ziel dient auch die Entfernung eines Beamten aus dem Dienstverhältnis, als schärfste Maßnahme des Disziplinarrechts, und damit nicht primär der Sanktionierung des Beamten.[43]

II. Verfolgungsgrundsatz und dessen Aussetzung

Einstiegspunkt in ein Disziplinarverfahren sind die Vorschriften des § 17 Abs. 1 BDG. Das hierin verankerte **Legalitätsprinzip** verlangt, dass Ermittlungen nur eingeleitet und durchgeführt werden dürfen, wenn Tatsachen den Verdacht eines Dienstvergehens nach

---

[39] BVerfGE 114, 37
[40] vgl. Schnell/Ebert, Disziplinarrecht der Bundeswehr, Kapitel C25a
[41] Schwandt, Die Schutzfunktion des Beamten-Disziplinarrechts, DöD 1998, 1.
[42] BVerfG Urt. v. 14.11.2007 – 2 WD 29.06, juris Rn. 34
[43] BVerfG Urt. v. 10.06.1970 – II D 26.69

§ 77 BBG rechtfertigen. Diese Anforderung stellt eine Schranke gegenüber zweifelhaften Gerüchten oder bloßen Vermutungen dar. Auch ist es demnach nicht zulässig, Ermittlungen dahingehend durchzuführen, ob überhaupt Tatsachen zur Annahme eines Dienstvergehens vorliegen.[44] Ebenso sind Bagatellverfehlungen nicht vom Legalitätsprinzip erfasst. Diese stellen solche Verfehlungen dar, die den Unwert einer Dienstpflichtverletzung nicht erreichen und demnach keiner Maßregelung bedürfen.[45] Zureichende tatsächliche Anhaltspunkte zum Vorliegen eines Dienstvergehens bestehen dann, wenn insbesondere hinsichtlich der Art, Ort und Zeit eine hinreichend konkrete Wahrscheinlichkeit auf die schuldhafte Verletzung seiner Dienstpflichten durch den Beamten besteht.[46] Jedenfalls beginnt die Ermittlungspflicht des Dienstvorgesetzten, wenn der Beamte nach § 18 Abs. 1 BDG die Einleitung eines Disziplinarverfahren gegen sich beantragt und er dies durch Begründung des Verdachts eines Dienstvergehen darlegen kann.

Die Durchführung eines Disziplinarverfahrens steht schließlich unter dem **Gebot der Beschleunigung** in § 4 BDG. Ein verzögertes Verfahren kann zu unzumutbaren Belastungen und Beeinträchtigungen, sowohl für den Beamten, als auch für den Dienstherrn führen. Für den Dienstherrn besteht die Gefahr eines möglichen Ansehensverlustes, wobei hingegen der Beamte mitunter in seiner Beamteneigenschaft existenziell gefährdet ist. Daher ist eine angemessene Dauer des Disziplinarverfahrens zu wahren. Die Schwere der möglichen Verfehlung des Betroffenen soll die Beziehung zur Dauer eines Verfahrens darstellen und ist demnach entsprechend ins Verhältnis zu setzen.[47]

Eine Ausnahme vom Beschleunigungsgebot stellt die sogenannte **Aussetzungspflicht** des § 22 Abs. 1 S. 1 BDG dar. Diese Konkurrenzregelung priorisiert Strafverfahren gegenüber Disziplinarverfahren bei deren zeitlicher Kollision. Demnach ist eine Aussetzung des Disziplinarverfahrens gesetzlich angeordnet, sobald wegen desselben Sachverhalts nach § 170 Abs. 1 StPO öffentliche Klage erhoben wurde, also wenn die Anklageschrift der Staatsanwaltschaft das Gericht erreicht hat; nicht bereits während polizeilicher oder staatsanwaltschaftlicher Ermittlungen. Spätestens mit dem rechtskräftigen Abschluss des Strafverfahrens ist entsprechend § 22 Abs. 2 BDG das Disziplinarverfahren fortzusetzen.

III. Gesetzliche Ermittlungsbeschränkungen im Disziplinarverfahren

Eine Besonderheit im Disziplinarrecht stellen die gesetzlichen Beschränkungen der Ermittlungen dar. Gemäß § 21 Abs. 2 S. 1 BDG ist **von Ermittlungen abzusehen**, soweit der Sachverhalt auf Grund der tatsächlichen Feststellungen eines rechtskräftigen Urteils im Strafverfahren feststeht. Neben nutzlosem doppelten Ermittlungsaufwand, was der Verfahrensverschlankung dient, wird diese Norm dadurch begründet, dass es naheliegend ist, dass im Rahmen des Strafprozesses, der der verwaltungsgerichtlichen Klage in der Regel weit vorgeschaltet ist, eine aus dem zeitlichen Horizont entsprechend bessere Aufklärungsmöglichkeit und Tatsachenfeststellung möglich ist.

---

[44] Hummel in: Hummel/Köhler/Mayer, BDG § 17 Rn. 3
[45] Wittkowski in: Urban/Wittkowski, BDG § 17 Rn. 2
[46] BVerwG NVwZ 2009, 399
[47] vgl. Wittkowski in: Urban/Wittkowski, BDG § 4 Rn. 1

Ein weiteres Element der Ermittlungsbeschränkungen stellt die **Bindungswirkung** des § 23 Abs. 1. S. 1 BDG dar. Damit wird für das behördliche Disziplinarverfahren ermessensfrei festgelegt, dass tatsächliche Feststellungen eines rechtskräftigen Urteils im Strafverfahren als bindend anzunehmen sind. Die Beweggründe für diese Norm sind denen, soeben für das Absehen von Ermittlungen nach § 21 Abs. 2 S. 1 BDG dargelegt, gleich. Für das gerichtliche Disziplinarverfahren ist in diesem Zusammenhang § 57 Abs. 1 S. 1 BDG einschlägig. Diese gleichartige Regelung unterscheidet sich jedoch dahingehend, dass in Satz 2 eine Lösungsmöglichkeit von dieser Bindungswirkung besteht. Ausgangspunkt für die Ermittlungsbeschränkungen ist allenfalls die Identität des Sachverhalts, also die Tatidentität im Kontext des historischen Geschehensablaufs.[48] Sind demzufolge Wiederaufnahmegründe des strafgerichtlichen Verfahrens ersichtlich oder kann im Rahmen des Disziplinarverfahrens der Sachverhalt besser aufgeklärt werden, was für die Unrichtigkeit der strafgerichtlichen Tatsachenfeststellung sprechen könnte,[49] so ist der Beschluss über die erneute Überprüfung dieser offenkundig unrichtigen und entscheidungserheblichen Feststellungen zu fassen und damit die Lösungswirkung herbeizuführen.[50] Diese Ausnahme trifft ebenfalls, sowohl im gerichtlichen als auch im behördlichen Verfahren, auf ergänzende und erforderliche Ermittlungen des Sachverhalts zu, wenn diese für die Bemessung der Disziplinarmaßnahme erforderlich sind.[51]

Indes sehen die Disziplinargerichte Indizien für die Richtigkeit des Sachverhalts und Feststellungen in den Strafverfahren, wenn durch den Beschuldigten dort kein Einspruch erhoben wurde.[52] Gerade dieses Verhalten trägt zur Verurteilung bei. Bezugnehmend auf Disziplinarverfahren konkretisiert das Bundesverwaltungsgericht diese Annahme dahingehend, dass ein ausbleibendes substantiiertes Bestreiten der Richtigkeit eines zugrundeliegenden Rechtskräften Strafbefehls weder mit dem Schweigerecht, noch mit der Selbstbelastungsfreiheit des Beamten zu vereinbaren ist.[53]

IV. Die Auswirkungen des Maßnahmenverbots des § 14 Abs. 1 BDG

Das Maßnahmenverbot oder auch Doppelahndungsverbot des § 14 Abs. 1 BDG schränkt die Behörden und Gerichte in der Sanktionierung von leichten und mittelschweren Pflichtverletzungen, die bereits strafgerichtlich oder behördlich in einem Bußgeldverfahren sanktioniert wurden, ein. Damit implementiert diese Regelung nicht den eingangs erläuterten verfassungsrechtlichen Grundsatz *ne bis in idem*, sondern erfüllt die Anforderung, die das rechtsstaatliche Gebot der Verhältnismäßigkeit an ihn stellt.[54] Der Gesetzgeber ebnet damit die Möglichkeit des Verzichts auf ein Disziplinarverfahren für den Fall, dass durch ein bereits ergangenes Strafurteil oder ein nach § 153a StPO eingestelltes Strafverfahren die Funktionsfähigkeit des öffentlichen Dienstes nicht weiter ge-

---

[48] vgl. BVerwG Urt. v. 26.06.1985 – 1 D 49.84, ZBR 1986, 62
[49] VGH München Urt. v. 28.04.2010 – 21 BV 09.1993, juris Rn. 20
[50] Urban in: Urban/Wittkowski, BDG § 57 Rn. 6
[51] Wittkowski in: Urban/Wittkowski, BDG § 21 Rn. 9
[52] VGH München Urt. v. 11.07.2007 – 16a D 06.1183, juris Rn. 58f.
[53] BVerwG Urt. v. 26.06.1985 – 1 D 49.84
[54] Urban in: Urban/Wittkowski, BDG § 14 Rn. 1

fährdet ist, was sich hinsichtlich des Urteils oder der Erfüllung von Auflagen und Weisungen des Strafgerichts ergeben kann.[55] Der gesetzlichen Systematik nach liegt hier somit kein Ermittlungsverbot vor, sondern das Verbot des Erlasses einer Disziplinarmaßnahme. Die umgreifende Kausalität ergibt sich aus § 32 Abs. 1 Nr. 3 BDG, wonach ein Disziplinarverfahren eingestellt wird, wenn nach § 14 BDG eine Disziplinarmaßnahme nicht ausgesprochen werden darf. Wogegen nach § 17 Abs. 2 BDG ein Disziplinarverfahren erst gar nicht eingeleitet wird, wenn zu erwarten ist, dass nach § 14 BDG eine Disziplinarmaßnahme nicht in Betracht kommt. Voraussetzung dafür ist jedoch ein vollständig aufgeklärter Sachverhalt - was selten der Fall sein wird - oder eine sorgfältige hypothetische Einschätzung des Dienstvorgesetzten, was nicht bereits eine Sachverhaltsaufklärung darstellen darf.[56]

V. Keine Disziplinarhemmung durch Freispruch

Ein rechtskräftiger Freispruch eines Strafgerichts kann, sofern es sich um den identischen Sachverhalt handelt, die Sperrwirkung des § 14 Abs. 2 BDG für eine zusätzliche disziplinarische Sanktionierung auslösen und damit ein Prozesshindernis darstellen. Voraussetzung dafür ist jedoch, dass es sich um einen echten Freispruch, also um einen Freispruch im materiellen Sinne handelt. Solch ein Freispruch liegt dann vor, wenn eine Tat als für nicht erwiesen angesehen wird oder Tatbestandsvoraussetzungen nicht erfüllt sind.[57] Keine Sperrwirkung und somit kein Prozesshindernis entfalten Freisprüche, die zwar keine Tatbestände im Rahmen eines Straf- oder Bußgeldverfahrens erfüllen, jedoch eine Pflichtverletzung der beamtenrechtlichen Pflichten erfüllen, sogenannter **disziplinarischer Überhang**.[58] An die Ahndung eines Pflichtverstoßes des disziplinarischen Überhangs werden erhöhte Anforderungen gestellt. So muss der Dienstherr neben der Gewähr von rechtlichem Gehör, der aus § 52 Abs. 1 S. 1 BDG resultierenden Substantiierungspflicht nachkommen und darlegen, worin die Pflichtverletzung trotz des strafgerichtlichen Freispruchs besteht.[59] Hier ist insbesondere auf die dienstliche Relevanz der inner- oder außerdienstlichen Pflichtverletzung einzugehen, vgl. §§ 77 i.V.m. 60 ff. BBG[60]. Fehlt eine Solche, ist eine disziplinarrechtliche Maßnahme illegitim.[61]

VI. Pflichtermahnungsbedürfnis gegenüber dem Beamtem

Zusätzlich zur einem Bußgeld oder Strafe kann es aus behördlicher Sicht erforderlich erscheinen, den Beamten zur Pflichterfüllung anzuhalten und so der Wiederholungsgefahr entgegenzuwirken. Gemäß § 14 Abs. 1 Nr. 2 BDG kann dafür eine Kürzung der Dienstbezüge ausgesprochen werden, insoweit ein **konkretes Pflichtermahnungsbedürfnis** besteht. Dies stellt eine besondere Ausnahme entgegen dem soeben erläuterten Maßnahmenverbot dar und ist nur zulässig, wenn trotz der strafgerichtlichen Sanktionierung eine zukünftige nachteilige Auswirkung auf den Dienst zu erwarten ist.[62] Zur

---

[55] BVerwG, Beschl. v. 23.11.2009 - 2 B 87/08, BeckRS 2009, 42521, Rn. 5
[56] Entwurfsbegründung zu § 17 BDG, BT-Drs. 16/2253 S. 13
[57] Urban in: Urban/Wittkowski, BDG § 14 Rn. 24
[58] vgl. BVerwGE 86, 279 (282)
[59] vgl. BVerwG NJW 1986, 444
[60] vgl. Grigoleit in: Battis, BBG § 77 Rn. 11
[61] BVerwG Urt. v. 16.03.2004 – 1 D 15.03, juris Rn. 28
[62] vgl. Herrmann in: Herrmann/Sandkuhl, BDG Rn. 322

Begründung eines konkreten Pflichtermahnungsbedürfnis erfordert es daher eine indivi-
duelle Einzelfallprüfung in Form einer Prognose des Beamten, die konkrete Anhaltspunkte für die Annahme einer zukünftigen Pflichtverletzung liefert. In einer gesamtheit-
lichen Betrachtung ist dabei der Werdegang aus dienstlicher und persönlicher Sicht, der
ihm zur Last gelegten Umstände der Tat, einschlägige frühere Erscheinungsweisen und
eventuelle Einsichtig- oder Uneinsichtigkeiten zu berücksichtigen.[63] Ungeachtet bleibt
unterdessen die Bemessung der Strafe oder des Bußgeldes des vorausgegangenen Verfahrens.[64] Zuletzt ist das Persönlichkeitsbild des Beamten in diese Prognose einzubezie-
hen, da eine erzieherisch gerichtete Disziplinarmaßnahme nur dann wirken kann, wenn
überhaupt ein Erziehungsbedürftigkeitserfordernis des Beamten besteht.[65]

C. Schlussbetrachtung

Der verfassungsrechtliche Grundsatz *ne bis in idem* ist ein wesentlicher Baustein im
rechtsstaatlichen Gesamtsystem der freiheitlich demokratischen Grundordnung. Neben
der Herstellung eines Strafausgleichs gegenüber dem Staat, dient er dem Täter hinsichtlich des Rechtsfriedens, um so das schwebende Damoklesschwert über ihm durch Til-
gung des Vergehens zu beseitigen. Aufgrund der Verschiedenartigkeit der Zweckbestimmungen des Straf- und Disziplinarrechts, sowie bereits der Zielsetzung des parlamentarischen Rates, ist *ne bis in idem* zwar innerhalb, nicht jedoch im Verhältnis zwischen den beiden Rechtsgebieten anwendbar. Eine Schnittstelle dazwischen bildet indes
das rechtsstaatliche Grundprinzip der Verhältnismäßigkeit, was auch für *ne bis in idem*
erforderlich ist. Charakterisierend für die Bindung der beiden Rechtsgebiete ist das Maßnahmenverbot, was eine Sanktionierung für leichte oder mittelschwere Pflichtverletzung
bei bereits erfolgter strafrechtlicher Ahndung ausschließt. Weitere Anknüpfungspunkte,
die eine isolierte Betrachtung der beiden Rechtsgebiete in Verbindung mit *ne bis in idem*
untunlich erscheinen lassen, sind das Absehen von Ermittlungen, sowie die Bindungswirkung an Tatsachenermittlungen in Strafverfahren. Nicht zuletzt untermauert die Aussetzungspflicht die Gewichtigkeit der Beziehung, auch wenn der Synergieeffekt hinsichtlich der Tatsachenermittlungen im Strafverfahren keinen unwesentlichen Teil dieser Beziehung ausmacht. Zusammenfassend betrachtet lässt sich sagen, dass *ne bis in
idem* keine unmittelbare Wirkung auf das Disziplinarrecht ausdrückt und folglich keine
Doppelbestrafung vorliegt, wenn aufgrund beider Rechtsgebiete eine Sanktionierung erfolgt. Jedoch sorgt eine gewisse Gleichartigkeit für Wechselwirkungen und mittelbaren
Beziehungen untereinander, was gelegentlich Anreiz dafür sein kann, anzunehmen, dass
bei den doch so unterschiedlichen Zweckbeziehungen und Sanktionszielen eine Doppelbestrafung vorliegt.

---

[63] BVerwG Urt. v. 20.02.2001 – 1 D 7.00, juris Rn. 22
[64] BVerwG Urt. v. 22.04.1997 – 1 D 24/96, DtZ 1997, 296
[65] vgl. Herrmann in: Herrmann/Sandkuhl, BDG Rn. 326

Literaturverzeichnis

Battis, Ulrich (Hrsg.)	Bundesbeamtengesetz, 5. Auflage, München 2017
Bleckmann, Albert	Europarecht - das Recht der Europäischen Gemeinschaft, 5. Auflage, Köln, Berlin, Bonn, München 1990
Büttner, Edgar/ Wettengel, Michael	Der Parlamentarische Rat 1948-1949, Band 13, Ausschuß für Organisation des Bundes / Ausschuß für Verfassungsgerichtshof und Rechtspflege, München 2002
Cording, Sebastian	Der Strafklageverbrauch bei Dauer- und Organisationsdelikten, Berlin 1993
Dreier, Horst (Hrsg.)	Grundgesetz, Band 3, Artikel 83-146, 3. Auflage, 2018, Tübingen
Feldkamp, Michael-Frank	Der Parlamentarische Rat 1948–1949 - Die Entstehung des Grundgesetzes, 1. Überarbeitete Neuausgabe, Göttingen 2019
Freybe, Albert	Züge Deutscher Sitte und Gesinnung, Erstes Heft: Das Leben in der Treue. 2. Auflage, Gütersloh 1889
Herrmann, Klaus / Sandkuhl, Heide	Beamtendisziplinarrecht, 2. Auflage, München 2021
Hummel, Dieter / Köhler, Daniel / Mayer, Dietrich	Bundesdisziplinargesetz, 5. Auflage, Frankfurt am Main 2012
Jarass, Hans Dieter (Begr.) / Pieroth, Bodo (Begr.)	Grundgesetz für die Bundesrepublik Deutschland, 16. Auflage, München 2020
Kahl, Wolfgang (Hrsg.) / Waldhoff, Christian (Hrsg.) / Walter Christian (Hrsg.)	Bonner Kommentar zum Grundgesetz, Loseblattwerk mit 218. Aktualisierung, Heidelberg 2022
Liebau, Tobias	Schriftenreihe Sanktionsrecht in Europa, Band 2, "Ne bis in idem" in Europa, Berlin 2005
Maunz, Theodor (Begr.) / Dürig, Günter (Begr.)	Grundgesetz, 99. Ergänzungslieferung, München 2022
Münch, Ingo von (Begr.) / Kunig, Philip (Hrsg.)	Grundgesetz, 6. Auflage, München 2012
Sachs, Michael (Hrsg.)	Grundgesetz, 9. Auflage, München

Schnell, Karl Helmut/ Ebert, Heinz-Peter	Disziplinarrecht, Strafrecht, Beschwerderecht der Bundeswehr, 30. Auflage, Regensburg 2016
Schwandt, Ernst-Albrecht	Die Schutzfunktion des Beamten-Disziplinarrechts, DöD 1998
Schwarplies, Giesbert	Die rechtsgeschichtliche Entwicklung des Grundsatzes "ne bis in idem" im Strafprozess, Jur. Diss. Zürich 1970
Specht, Britta	Die zwischenstaatliche Geltung des Grundsatzes 'ne bis in idem', 1. Auflage, Berlin 1999
Stern, Klaus	Das Staatsrecht der Bundesrepublik Deutschland, Band 3, Allgemeine Lehren der Grundrechte; 1, München 1988
Urban, Richard / Wittkowski, Bernd	Bundesdisziplinargesetz, 2. Auflage, München 2017

BEI GRIN MACHT SICH IHR WISSEN BEZAHLT

- Wir veröffentlichen Ihre Hausarbeit,
  Bachelor- und Masterarbeit

- Ihr eigenes eBook und Buch -
  weltweit in allen wichtigen Shops

- Verdienen Sie an jedem Verkauf

Jetzt bei www.GRIN.com hochladen und kostenlos publizieren